A. VAN BEVER

Méditation Sentimentale

SVR

DESBORDES-VALMORE

Précédée d'un portrait par Mlle Marguerite de la Quintinie
Ornée de dessins de F. Launay, de bois originaux de Maurice Dumont
et suivie de notes bibliographiques

2e ÉDITION

PRIX : 1 FRANC

PARIS
BIBLIOTHÈQUE DE L'ASSOCIATION
17 — RUE GUÉNÉGAUD — 17

1896

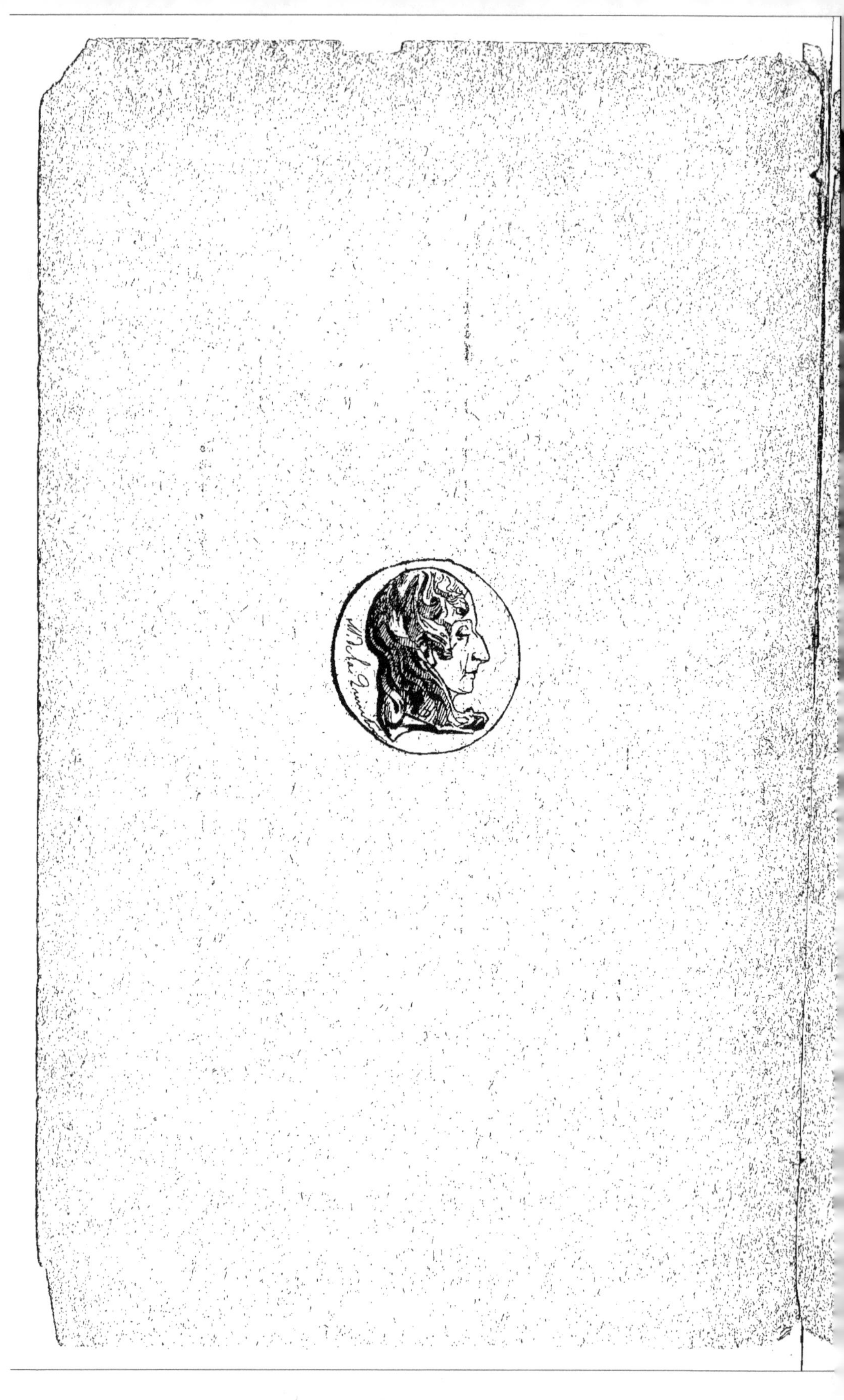

MÉDITATION SENTIMENTALE

SUR

DESBORDES-VALMORE

(Quoique tout commentaire sur Desbordes Valmore paraisse inutile, on nous pardonnera de publier ces quelques lignes.

Le lecteur n'y trouvera point une critique raisonnée et analytique, mais bien une consécration en l'honneur de celle que nous aimâmes relire et dont l'œuvre présida à nos premiers balbutiements littéraires.

On nous permettra d'en adresser les humbles feuillets, — telle une invocation — au subtil écrivain qui nous révéla les âmes géniales de Benjamin Constant, Sainte-Beuve et Baudelaire.

Nous nous plairons d'y inscrire en tête l'hommage dédicatoire, que nous devons au poète délicat qui sut et avec quelle tendresse, quelle piété, recueillir les lauriers que d'aucuns lui offrirent, les couronnes qu'il tressèrent en souvenir et en reconnaissance pour le chantre des Elégies et des Romances.

Nous avons nommé M. Auguste Lacaussade.)

PRÉLUDE

...La route où je vous rencontrai m'est chère en souvenir. Depuis une aube incertaine que pèlerin de mélancolie, je m'acheminai au hasard d'un décor uniforme, décor de grisaille, aux arbres effeuillés et gémissants sous la rafale qui balayait jusqu'au tapis de leurs feuilles rousses, je n'avais osé concevoir votre apparition. Et vous m'êtes d'autant précieuse que je garde la conviction qu'une fatalité devait nous pousser l'un vers l'autre, afin qu'un jour nous cheminions tous deux à l'heure d'une saison nouvelle...

Au carrefour, où las des aspérités du chemin j'implorai un tertre pour m'asseoir, à l'instant, où l'astre se mourait derrière les grandes cimes, vous vîntes remplacer sa clarté tragique en une auréole de blancheur pour mon front blessé.

Depuis lors, nous ne nous sommes guère quittés et j'ai appris près de vous, un oubli des maux de jadis que je n'espérais plus, et qui demeurera, tant j'en renferme l'exquise tendresse.

Mais, dites-vous souvent, le bonheur fuit ceux qui veulent trop l'étreindre. Il demande qu'on le savoure sans égoïsme, et exige des épreuves afin que nous soyions plus dignes de lui. Nous ne l'éprouvons d'ailleurs en harmonie que si nous dirigeons nos vœux et nos aspirations vers un but qu'il nous désigne. N'est-ce point cela ma sœur, (permettez-moi ce mot dont le sens m'est une caresse), qui nous fit reconnaître en même temps les joies offertes à nos espoirs, alors que tant d'autres avaient passé avant nous sans même les pressentir. Nous avons épuisé les mêmes livres, et nous les comprîmes mieux de les avoir feuilletés ensemble que si nous les avions lus dans la solitude de *soi-même*.

Nous avons fouillé leurs pages tremblantes, aux lignes timides, aux phrases inégales et nous y avons découvert toute notre sentimentalité. Ils ont été les instigateurs de mille impressions que nous n'avions jusqu'alors ressenties. Et nous leur devons l'humble joie que nous goûtâmes aux soirs d'apaisement, où dans l'assoupissement des choses de la nature nos âmes se sont unies fervemment...

Et nous aurons des communions pour ce qui nous fit « aimer. » Nous deviendrons les thuriféraires des petites tombes dressées au calvaire de notre vie.

Et les haltes nous seront bienheureuses, car nous saurons y prier.

Et je vous rejoindrai, — car vous me précéderez ma sœur — et j'exulterai à vous voir semer des fleurs sur une pierre abandonnée, où si un jour nous nous perdons, nous saurons nous retrouver.

L'idéal psychique atténuera les surexcitations de notre corps. Dédaignant les préceptes vitaux, réels de l'amour — loi humaine des sens, — nous constituerons une foi nouvelle. Il y aura de captivantes peines, des tristesses radieuses qui comme des voiles, s'étendront sur nos désirs. Il faudra éloigner alors l'essaim des foules — des foules odieuses — où se perdent les volontés et la conception du bonheur.

Nous aurons supposé, bâti, consacré une chapelle où rayonneront nos croyances, où se dresseront les saints que nous aurons préférés. Il y aura des larmes expressives de Beauté, puis des plantes éphémères, des naissances d'aurores et des soleils saignants à l'orée des crépuscules.

Et nous aurons tant possédé de spirituelles voluptés que notre acheminement vers l'Autel, s'achèvera dans une lumière aveuglante et que nous ne nous verrons point disparaître dans le rêve qui nous ensevelira...

MÉDITATION

Un intellectuel (1) a écrit sur certains poètes : « Nous étudierons leurs caractères non leurs œuvres. Nous nous assimilerons leurs vertus, non leurs mérites catalogués. Il se trouve qu'ayant écrit, ils nous ont fourni plus de documents sur eux-mêmes ; d'ailleurs sensibles et analystes peut-être à cette époque, étaient-ils fatalement amenés à rédiger leurs pensées favorites. Mais ce ne sont pas leurs pages qui m'intéressent ; j'aime uniquement l'auteur que j'entrevois par derrière. »

En effet, dans la foule des écrivains que nous lûmes, n'en est-il point que nous avons choisis et placés haut dans notre affection parce qu'ils nous touchent de plus près. Nous nous plaisons à retrouver dans leurs plaintes, les angoisses qui les leur inspirèrent, dans leur mélancolie, les sanglots qu'elle leur trahit. Ames inquiètes et particulières, il semble que d'autres âmes pareilles doivent les deviner à travers l'écriture serrée qui les caractérise.

(1) Maurice Barrès.

Pourquoi d'ailleurs n'existerait-il pas une parenté entre le lecteur et celui qu'il lit, sans que pour cela l'œuvre soit assimilatrice. Parenté, veux-je dire, qui naîtrait de je ne sais quelle loi psychique mystérieuse, pouvant être comprise dans l'ordre des identifications de tempéraments, qui font que l'on se rencontre et que l'on s'aime, en dehors de toute influence littéraire.

On sait alors se comprendre parce que l'on parvient à faire éclore simultanément des idées semblables dont on possédait les germes.

La culture ou l'exaspération de ces tempéraments, fait naître parfois de remarquables écrivains. Nous en trouvons une preuve convaincante chez Desbordes Valmore — que nous vénérons en dehors de ce qu'il est convenu d'appeler son art — qui ne chanta que parce qu'elle sut pleurer.

Il ne faut point croire pourtant que le poète consente toujours à nous livrer son âme, lui dont la tâche est de confesser celle d'autrui, de la lui dérober en faveur d'une œuvre qui lui demeurera personnelle. Il y aurait beaucoup à dire sur cette partie de sa spiritualité — la plus merveilleuse assurément — qu'il s'obstine à nous sceller.

Il en est des écrivains comme de certaines gens qui nous sont inconnus et qui répugnent à nous communiquer leurs pensées.

Pourquoi d'ailleurs en serait-il autrement?

Quel besoin aurait-on de livrer au premier venu qui ne le comprendrait pas et le souillerait, un idéal bâti avec des larmes et des souffrances qu'accroît notre évolution cérébrale. Sensibilité révoltée ou bien timide, honteuse, qui d'un côté jette ses cris de douleur, gagne le cœur même de la foule et le fait tressaillir, (ceci est la preuve de ce que d'aucuns dénomment le génie) qui, d'autre part se lamente, laisse une empreinte désespérée qu'on dédaigne et méprise parce qu'elle ne la révèle pas assez.

Ce n'est certainement point dans son œuvre que l'écrivain s'affirme l'homme de génie, le surhumain qui étonne ou irrite, mais bien dans les simples manifestations de sa vie mentale. Ses plus puissants éclairs jaillissent à l'heure où pareil à l'ouvrier las de labeur, il délaisse sa plume. Il subit, les développe pour les notes ensuite, toute une foule de sensations ignorées de la plupart des hommes.

Aussi le Poète n'est-il encore qu'un incomplet initiateur puisqu'il ne suffit point à découvrir tous les élans de sa propre individualité. Ceci est d'autant plus vrai que chez Desbordes Valmore, ses plus beaux cris s'arrêtent dès l'instant qu'ils nous pénètrent. On ne connaîtrait sa vie vertueuse et sincère, on pourrait croire que par une pudeur toute féminine, elle s'est complue à nous tracer une douleur inachevée, afin de nous laisser le regret de ce que nous en ignorons. A travers ses poésies dont la beauté expressive et le lyrisme atteignent des sommets vertigineux, un voile nous recouvre parfois les plus belles envolées, et nous en atténue le charme mélodique. Il y a là comme une énigme qu'elle ne peut complètement taire ou plutôt un mystère qu'elle ne peut déchiffrer.

Elevée à une époque difficile, où sa famille dut subir de terribles infortunes, elle en ressentit naturellement le violent contrecoup.

Jusqu'à 16 ans, où après des épreuves nombreuses, elle débute dans la carrière dramatique, nous ne lui connaissons que de vulgaires et banales misères qui ne devaient atteindre que l'extériorité de sa personne. Soudain, un orage gronde, et l'entraîne pour la rejeter un jour déchirée et meurtrie — telle une épave des affections déçues — sur un rocher de misère où Sapho ressucitée — mais immarcessible, — elle chantera sa misère en accents poignants :

« A vingt ans, écrit-elle dans une lettre à Sainte-Beuve, des peines profondes m'obligèrent de renoncer au chant parce que ma voix me faisait pleurer ; mais la musique roulait dans ma tête malade et une mesure toujours égale arrangeait mes idées à l'insu de ma réflexion. Je fus forcée de les écrire pour me délivrer de ce frappement fiévreux et l'on me dit que c'était une élégie... »

Desbordes Valmore ne se révèle donc comme poète, qu'à l'heure où elle éprouva une souffrance dont elle ne se guérit jamais.

Enfin, nous ne trouvons chez elle ni le *bas-bleu*, ni la femme de lettres. C'est, — oserai-je ce vilain mot — une impulsive qui ne saurait résister aux inspirations naissant de *ses peines profondes*.

Quelle fut-elle cette douleur qui l'assaillit à l'âge où tendre, sentimentale, éprouvant le besoin de se confier à une âme vibrant dans sa sphère, elle s'abandonna à une affection qu'elle crut capable de la bercer en la sécheresse de sa vie, de la consoler d'une intimité familiale que rendait stérile l'uniformité des années, et, qui ne suffisait plus à satisfaire ses aspirations. On me comprend aisément, — quel fut-il celui à qui elle offrit tout le trésor de sa précieuse jeunesse ?... Il dut certes la profaner, cette belle âme se sacrifiant pour lui, âme compatissante, qui plus tard, se consolera à soulager d'autres infortunes que la sienne.

Il la méconnut, celle-là qui lui conserva malgré l'ingratitude dont il répondit à ses accents, un souvenir qu'elle ne ternit jamais par des révélations.

C'est LUI, toujours LUI, IL, sans le nommer davantage..... Et toute son œuvre s'adresse en invocation à sa mémoire. Beau titre de gloire dont il eut pu se parer.

— Qu'importe son nom, et qu'il me soit connu, je n'essaierai point ma sœur de vous le révéler. Sa place n'est point ici, à l'instant où tous deux, nous communions en silence.

Il est des vérités qu'il faut que l'on tue...

Plus tard elle faisait à M. de Latour, cette révélation qui nous frappa :

« Une fois en ma vie, mais pas longtemps, un homme d'un talent immense m'a un peu aimée, jusque là de me signaler dans les vers que je commençais à rassembler, des incorrections et des hardiesses dont je ne me doutais pas. Mais cette affection clairvoyante et courageuse n'a fait que traverser ma vie envolée de côté et d'autre. Je n'ai plus rien appris et vous le dirai-je, Monsieur ? plus désiré de rien apprendre. Je monte et je finis comme je peux une existence où je parle bien plus souvent à Dieu qu'au monde... »

Quelle douleur concentrée parce qu'elle n'a pu la vaincre !

Elle la garda jusqu'au tombeau. Éprise d'un idéal dont elle ceignit — tel un diadème — le front de celui qu'elle avait aimé, elle ne permit jamais qu'on l'attaqua. Dégagée de tout préjugé elle tenta même (alors qu'établie dans un intérieur qu'elle chérissait), des phrases éloquentes pour le défendre près de Sainte-Beuve, qui dans une critique, l'avait quelque peu malmené. Permettez-moi de vous remémorer les mots qu'elle traça : « Je n'ai pas défini, je n'ai pas deviné, dit-elle, cette *Enigme obscure et brillante*, j'en ai subi l'éblouissement et la crainte. C'était tantôt sombre comme un feu de forge dans une forêt, tantôt léger, clair, comme un rayon au front d'un enfant. Un mot d'innocence, de candeur première faisait éclater en lui, le rire franc d'une joie retrouvée. La reconnaissance alors se peignait si vive dans ce regard là que toute idée de peur quittait les timides. C'était le bon esprit qui revivait dans un cœur tourmenté... Non, *ce n'était pas un méchant mais* un malade.... »

Je n'insisterai pas, vous ai-je dit, sur l'homme qui ne la comprenant point, la violentant peut-être, lui infligea une flétrissure dont elle ne garda que la souffrance. Lis brisé par un vent d'orage, qui s'étiole, se penche sur sa tige mais ne perd ni l'éclat de sa blancheur, ni le parfum de sa corolle.

Et même, pardonnez-moi cette impiété, ne fut-il pas l'instrument dont le poète se tortura le cœur au point d'en concevoir des strophes sublimes.

Pour lui, elle fut sans doute, une de ces passagères liaisons que d'aucuns se plaisent à nouer et à dénouer avec aisance. Qui sait même, plus tard, lorsque terrassée et gémissante elle racontait ses douleurs sans même songer à l'accuser (elle ne connut que le chagrin et le pardon), fut-il vain de ses angoisses, railla-t-il ses crises de sentimentalité.

Depuis l'heure que, désolée elle songea à se créer un foyer, à former une famille où elle pût dépenser toutes ses facultés de bonté et donner du bonheur aux autres (elle, que personne ne sut consoler), elle demeura résignée à un sort qui lui réservait par la suite de plus cruelles épreuves. Elle se maria, éleva avec sollicitude ses enfants, et, surchargée de nouvelles affections, n'oublia jamais celles que depuis l'enfance elle avait entretenues. Je veux parler de l'amour qu'elle gardait pour sa famille, amour que nous retrouvons dans toute sa correspondance.

Est-il possible de lire de plus tendres lettres, et celles que nous connûmes ne décèlent-elles pas une partie d'elle-même plus noblement que ne le firent ses vers. Il y a là, la continuation d'une œuvre que par humilité, elle n'osa jamais livrer au public.

Je ne me hasarderai point à feuilleter le livre que nous gardons d'elle. Nous le lûmes assez pour en avoir extrait toutes les beautés. Je ne marquerai pas d'un puéril signet les pages que vos doigts effleurèrent, tant elles se gravèrent dans notre âme, tant je les relis dans votre mémoire par la glace de vos yeux.

Cette sensibilité que nous admirons chez Desbordes Valmore et qui surpasse même l'heureux choix de ses expressions, vous la connaissez au point de mépriser les appréciations de ceux qui ne virent en elle que la continuatrice d'une œuvre ridicule et larmoyante, que nous fit subir après les horreurs de la Revolution Française, toute la lyre des élégiaques. Votre belle lucidité refutera les raisons d'école qui la classèrent au dessous des poètes incolores de son époque, et qui, si elles osaient profaner sa correspondance, établiraient une corrélation entre ses lettres et celles dont nous lassèrent deux siècles de galanteries et de préciosités littéraires.

Que nous importent les titres dont elle rehaussa chacune de ses pages, nous pouvons les ignorer sans la méconnaître, tant nous avons puisé de consolation et d'espoir dans les mots qu'elle redit sans cesse, des mots s'exprimant par des cris de détresse et d'amour blessé, des cris qui forcent leur signification, l'agrandissent, l'ennoblissent, assez, pour leur donner un sens que nous ne leur connaissions point et qui surpasse le cercle de leur similitude avec le langage barbare que prononcent les hommes vulgaires...

ORAISON

Petits Poèmes incompris par ceux que n'épargne pas la lutte vaine des pages précieuses, vous prenez une envolée que n'auront jamais les phrases eurythmiques des stylistes. Dédaigneux des assimilations qui systématisent au goût éphémère d'une époque, vous ne nous révélez que les aspirations d'une belle âme de jadis. Vos mots magiques sont plus les fils de la Douleur que ceux qu'élaborent les cerveaux angoisssés d'un labeur qui les asservit.

Comme des oiseaux blessés vous vous élevez dans les nues parceque vous avez la pudeur délicieuse de ne point agoniser sur la terre.

Ecoutons ma sœur, chanter la lyre du poète. Ses vibrations, nous demeurent plus impressionnantes de tristesse que ne l'est le vent d'automne à travers les ramures. Ce n'est point encore un chant suprême, c'est la répercussion de toutes les plaintes d'ici-bas :

Pleurez, regardez-vous et chantez à la fois,
Car c'est pour vos douleurs que Dieu fit votre voix.

N'éprouvez-vous pas l'effroi d'une étreinte à redire ensemble ces divines harmonies.

Mais vous pleurez, votre main a tressailli et je sens vos larmes tomber sur mon cœur. Vos larmes appellent mes pleurs...

Oh ! nous sommes bien plus près l'un de l'autre, depuis que votre voix s'est unie à la mienne, et, que nous nous sommes agenouillés sur la pierre où Elle repose pour éternellement.

Oh ! comme nous sommes loin des rumeurs de la Ville, loin de la voix des hommes incompris qui s'épuisent à clamer pour la foule inconsciente de leur misère, un désespoir qui ne vaut pas notre peine. Oh ! comme nous sommes loin de tout langage humain. Ici plus de mots. Nos cœurs ignorant l'Ecriture, ont des transports plus purs qu'amènent nos évocations.

Ce n'est pas en sa banale expression, un chef-d'œuvre poétique qui nous inspire, mais le souvenir d'une Vie initiatrice. Elle nous est la plus belle manifestation que nous pûmes apprécier.

Car chez certaines créatures, il est du génie dans la vie, dans l'amour et dans la mort...

NOTES BIBLIOGRAPHIQUES

MARCELINE-FÉLICITÉ-JOSÉPHINE DESBORDES, naquit à Douai le 20 juin 1786, rue Notre-Dame, 32, et mourut à Paris le 23 juillet 1859, rue de Rivoli, 73. Nous ne retracerons pas sa vie qui fut racontée en détail par Sainte-Beuve et ensuite par Auguste Lacaussade, en tête de l'édition définitive que Lemerre publia de ses œuvres. Après bien des péripéties qu'elle traversa dans sa jeunesse, et qui l'initièrent à la mélancolie, nous la trouvons à l'âge de 16 ans sur le théâtre Feydau où elle obtint de réels succès d'artiste. Mais la carrière dramatique qu'elle n'embrassa que pour venir en aide à sa famille, elle la délaissait bientôt en faveur d'une inspiration qui la devait diriger dans une autre voie et qui fut en quelque sorte son génie. C'est vers l'époque de ses débuts littéraires qu'elle éprouva la plus terrible épreuve qui l'atteignit jamais et dont elle exhala la plainte jusque dans sa dernière œuvre. On nous pardonnera de trahir l'affection qu'elle témoigna à un écrivain de son temps, sur le compte duquel elle s'abusa. Plus tard elle ne révéla pas la déception qu'elle en ressentit et ne parla de lui qu'avec une mystérieuse circonspection. Il nous sera permis de citer M. de Latouche (1), et quoique dans son œuvre de poète, dans sa correspondance, elle n'osa jamais le nommer, il paraît incontestable que c'est pour lui qu'elle a chanté. Désillusionnée, — mais luttant pour ne point perdre un idéal dont elle l'avait auréolé, — elle épousa un homme qu'elle avait rencontré maintes fois sur les scènes où elle s'était fait applaudir. Elle fut une épouse parfaitement digne, une mère noble et affectueuse, sans jamais oublier d'être une amante déçue et blessée. Et quand dans la suite, après l'heure des violents désespoirs, elle s'affaiblit à la résignation d'un sort qui lui faucha ses plus chères affections, elle ne renia pas la lueur de bonheur qu'elle avait entrevue... Son œuvre est là pour nous révéler les angoisses de son âme et jusqu'aux difficultés matérielles de son existence quotidienne. Et c'est peut-être ce qui en dehors de toute préférence littéraire, nous la fait mieux comprendre, car sa poésie c'est sa mémoire qui se perpétue dans des vers qu'eussent signé de plus glorieux poètes, — sans toutefois pouvoir nous communiquer un tel douloureux frisson.

Le lecteur ne nous fera point un reproche de clore cette faible notice sur Desbordes Valmore; tant d'autres avant nous s'épuisèrent en subtilités et en délicatesses pour la révéler plus saintement que nous ne saurions le faire. Nous oserons seulement quelques indications scrupuleuses à propos de ses ouvrages.

On lui doit après des vers publiés dans le *Chansonnier des Grâces*, 1815-1816, — et qui nous paraissent être ses premiers essais imprimés, — des *Elégies et Romances* (chez François Louis, en 1818-1819 in-12. — Il en parut en 1820, une 2e édition in-8°, plus complète, puis une troisième aug-

(1) Voir la note de la fin, (page 15).

mentée de pièces inédites — 1822 — (in-18 avec gravures chez T. Grandin), une 4e — in-16 — en 1825 chez Ladvocat — *Elégies et Poésies nouvelles*; — une 5e enfin en 1830 (2 vol. gr. in-8° et 3 vol. in-12), chez Boulland, résumant et complétant les précédentes. Viennent ensuite : *Poésies inédites*, 1829, Paris, Boulland, in-18. — *Album du jeune âge*, poésies, le même, 1829; — in-12; — *Les Pleurs* poésies nouvelles, 1833 (in-8° Paris, chez Charpentier) précédées d'une préface d'Alexandre Dumas; *Pauvres fleurs*, poésies, Paris, Dumont, 1839 — in-8°; *l'Inondation de Lyon*, poésie, — Paris, 1840, in-8°; — *Poésies*, précédées d'une notice inédite de Sainte-Beuve, Paris, Charpentier 1842, 1860 et 1872. — *Bouquets et Prières*, Paris, Dumont, 1843 — in-8°. — *Les Poésies de l'enfance*, Paris, Garnier frères, 1881 — in-18. — Des romans, dont : *L'atelier d'un peintre*, (presqu'une étude autobiographique) 1833, Paris, Charpentier, 2 vol. in-8°; *Une raillerie de l'Amour*, 1833, Paris, in-8°; — *Le Salon de lady Betty*, 1836, 2 vol. in-8°. — *Violette*; 1839, 2 vol. in-8°. — *Contes et Scènes de la Vie de famille*, Garnier frères, 1873, 2 vol. in-18. — Ensuite : *Contes en vers et en prose pour les enfants*; Lyon, Boitel et Guymon, 1840; — *Contes en vers pour les enfants*, Lyon, 1840, Boitel et Guymon, in-8° de 116 pages; — *Contes en prose pour les enfants*, Paris, Maison, 1840, — in-12; — *Les Anges de la Famille* (ouvrage couronné par l'Académie Française) 1850, — in-12; — *Jeunes têtes et jeunes cœurs*, 1855, — in-18. — Notons encore l'édition des *Poésies Inédites*, publiées par M. Auguste Revilliod, à Genèves chez J. Fick, 1860, et à Paris, chez Dentu, au Palais-Royal. Enfin pour terminer signalons la publication de ses œuvres choisies, par les soins de M. Auguste Lacaussade — 3 vol. in-12, chez Lemerre : 1886-87.

Diverses poésies ont été traduites, en vers par Mlle Toru Dutt et publiées sous ce titre : *A Sheaf gleaned in french fields, by Toru Dutt* (A new édition in-8° London 1880.)

Collaboratrice à divers journaux de son temps, Desbordes Valmore, publia une partie de ses poésies dans *La Muse Française*; *Le Musée des Familles*; *le Conteur* (1833); *la Couronne de Fleurs* (1837). Elle a écrit en outre de nombreuses pages pour le *Cent et un*, les *Femmes de Shakespeare*, *le Keepsake parisien*; le *Journal des Jeunes Personnes*; les *Beautés de Walter Scott*...

Plusieurs de ses romances mises en musique par le soin de compositeurs connus, Mme Pauline Duchambge, M. Nadermann, furent très goûtées lors de leur apparition.

Rappelons que de sa Correspondance intime (qui appartient à la bibliothèque de Douai), deux volumes ont été édités par les soins de M. Rivière, le bibliothécaire de cette Ville.

De nombreux commentaires ont été faits sur Desbordes Valmore, et un volume ne suffirait pas à relater toutes les appréciations de ses contemporains célèbres.

Des lettres de Victor Hugo, Lamartine, de Vigny, Sophie Gay, Michelet, Brizeux, Aug. Barbier, Béranger, Mme Récamier, Mlle Mars, nous révèlent de touchantes impressions sur le Poète et la Femme. Mais la place nous manque pour donner toute l'importance que nous voudrions à cette humble exquisse. Il nous faudra signaler cependant les études de M. de Latour. *Revue de Paris*, 18 décembre 1836 ; celles de Sainte-Beuve (*Portraits contemporains* t. II ; *Causeries du lundi*, t. XIV ; *Nouveaux Lundis*, tome XII) réunies depuis en un volume et augmentées de documents nouveaux (Paris, Michel Lévy, 1870, un vol. in-18). (*Ce volume a été traduit en anglais et publié* à Boston en 1873, *sous le titre : Mémoires of Madame Desbordes Valmore by the late C. A. Sainte-Beuve, with a selection of her poems translated by Harriet W. Preston.*) N'omettons point le beau travail de M. Maurice Montégut dans la *Revue des Deux-Mondes*, et pour finir les pages émues que lui consacra le pauvre Lelian, — Paul Verlaine, — (*les Poètes Maudits*), touchant hommage qu'un artiste malheureux voulut rendre à celle qui comme lui souffrit de misère et d'idéal, et chanta.....

Hyacinthe, Joseph, Alexandre THABAUD DE LATOUCHE (dit Henri de Latouche) né à la Châtre (au Blanc selon Sainte Beuve) dans le Berri, le 2 février 1785, mort à Aulnay près Paris, le 9 mars 1851. Il fut un écrivain des premières années du romantisme. Son œuvre est, à juste raison, fort oubliée de nos jours.

Publiciste ardent, mêlé à toutes les manifestations littéraires de l'époque, non seulement il publia des livres de vers, des romans mais encore des critiques dans divers journaux et revues. La gloire du littérateur s'est effacée complètement derrière le souvenir souvent scandaleux du journaliste. Gloire éphémère, triste souvenir! Celui que seule fera survivre, — cruelle ironie du temps! — une critique amère de Sainte Beuve (la critique se trompe parfois singulièrement sur son rôle et son influence) n'est à bien considérer qu'une déplorable épave de ces années de fièvre ou tant d'autres mieux doués, succombèrent dans le tourbillon qui les emporta. Son nom appartient plus à l'histoire bibliographique qu'au mouvement littéraire qui marqua la première partie de ce siècle. Henri de Latouche eut peut-être le seul grand mérite de populariser des talents qu'on ignorait autour de lui.

Il fut chargé d'éditer André Chénier et quoique sa tâche fut pénible — qu'il y faillit même quelque fois — il s'en tira assez habilement.

Une autre fois il eut l'heureuse initiative de découvrir un des plus précieux écrivains de son temps; je veux parler de Georges Sand.

Comment connut-il Mme Desbordes Valmore? Il ne nous reste à se sujet qu'une foule d'hypothèses vraisemblables, que le manque de place nous empêche d'exposer aux yeux du lecteur. D'autre part, les papiers de Latouche conservés après sa mort, furent brûlés lors de l'invasion de 1870, sans que l'on ait songé à les publier, ni même à les commenter.

On nous saura gré de ne point nous étendre davantage sur ce profil déjà effacé et que ne peut remémorer que l'évocation de ceux qui l'éclairèrent du flambeau de leur gloire. Nous ne songerons guère à donner la liste de ses œuvres qui est longue et sans grand intérêt littéraire. Une étude sur lui ressortirait d'ailleurs de la presse contemporaine, dont à tous les sens il peut passer pour un des précurceurs les plus caractéristiques. On consultera sur sa vie et son œuvre le tome 3 des *Causeries du Lundi* de Sainte Beuve, les articles que Georges Sand signa dans le *Siècle* du 18, 19, et 20 juillet 1851 et enfin le feuilleton littéraire de M. Jules Lemaître *(Les Débats,* 19 juillet 1896).

Sic transit gloria mundi

Paris — Imp. E. Ménard & Cie, 8, rue Milton.

DU MÊME AUTEUR

(*Pour paraître prochainement*)

EN DOULEUR, roman.

CONTES POUR LES POUPÉES.

AU SEUIL. — MAISON DE VERRE. — LES VAINES AFFLICTIONS,
Trois petits romans d'étude.

Paris. — Imp. artistique E. Ménard & Cie, 8, rue Milton.

www.ingramcontent.com/pod-product-compliance
Lightning Source LLC
LaVergne TN
LVHW020510230826
846091LV00008BA/3440

9782019955519